DIE REIHE
Archivbilder

EIN STREIFZUG DURCH DAS ALTE MARL

D1730801

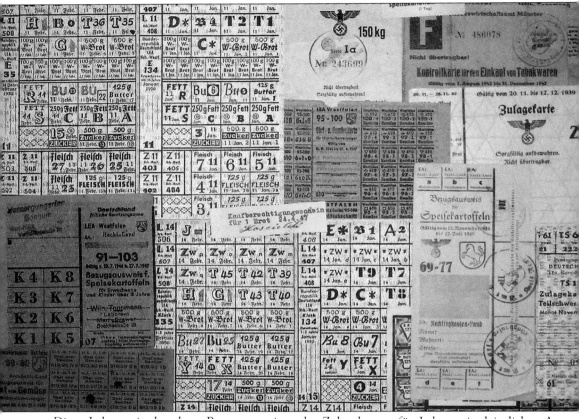

Diese Lebensmittelmarken, Bezugsausweise oder Zulagekarten für Lebensmittel jeglicher Art wurden in Marl zwischen 1939 und 1950 benutzt. Den älteren Bürgern werden sie sicher noch bekannt sein.

DIE REIHE
Archivbilder

EIN STREIFZUG DURCH DAS ALTE MARL

Volker Sawitzki

SUTTON
VERLAG

Sutton Verlag GmbH

Hochheimer Straße 59

99094 Erfurt

http://www.suttonverlag.de

Copyright © Sutton Verlag, 2008

ISBN: 978-3-86680-348-0

Druck: Gutenberg Press Ltd., Tarxien | Malta

Zur Erinnerung an die Fahnenweihe des evangelischen Arbeiter-Vereins Marl in Westfalen am 26. Juli 1914 erschien diese Postkarte.

Inhaltsverzeichnis

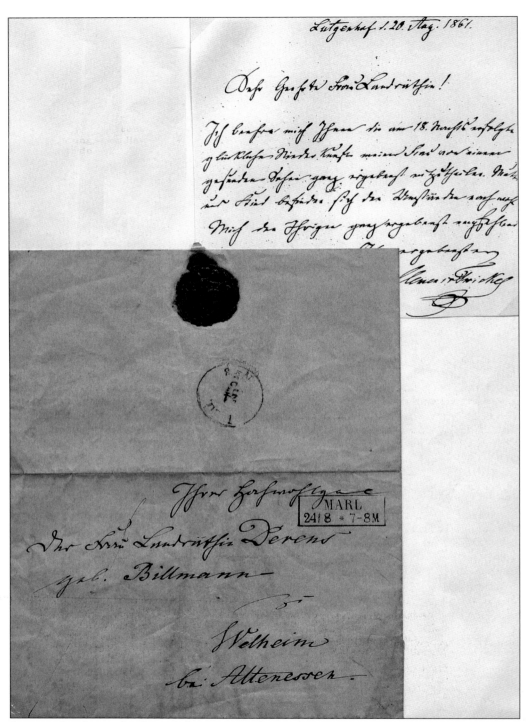

Die eigenhändig geschriebene Geburtsanzeige des Grafen Clemens von Twickel vom Schloss Lüttinghof an die Frau Landrätin Devens zu Welheim. Wegen der guten Beziehung zum Hause Loe wurde der gesiegelte Brief nicht in Dorsten, sondern am 24. August 1861 in Marl aufgegeben.

Einleitung

Auch wenn die erste urkundliche Erwähnung von Marl auf das Jahr 890 zurückgeht, gilt es doch als junge Revierstadt am Rande des Ruhrgebietes. Das mag damit zusammenhängen, dass erst im April 1936 alle Voraussetzungen erfüllt waren, um Marl die Stadtrechte zu verleihen.

Besonders wichtig für die Erhebung zur Stadt war die Einwohnerzahl, die zu Beginn des 20. Jahrhunderts in den einzelnen Stadtteilen bereits rasant anwuchs. Vor allem in Hüls und Brassert waren durch den beginnenden Kohleabbau viele Neubürger zu verzeichnen. Zum Ende der 1930er-Jahre stieg die Einwohnerzahl der Stadt durch die Errichtung der Chemischen Werke Hüls noch einmal spürbar an.

Dieser Bildband zeigt einmal mehr, wie die Menschen damals lebten, wo sie wohnten, wo sie einkaufen gingen, wie sie ihre Freizeit gestalteten und vieles mehr. Die Bilderreise beginnt im Jahre 1900 und schlägt einen Bogen bis 1977. Dazwischen liegen 165 Aufnahmen, die Erinnerungen wecken an vergangene Zeiten. Viele der einst so vertrauten und liebgewonnenen Häuser, Plätze, Straßen, Geschäfte aber auch Traditionen, Sitten und Gebräuche haben sich bis heute stark verändert, oder sind aus dem Stadtbild komplett verschwunden. Diese Veränderungen sind im Großen wie im Kleinen zu beobachten, manchmal geht es ganz schnell, in anderen Fällen setzt der Wandel schleichend ein.

Bis heute erinnern aber schöne „Überbleibsel" an das Vergangene. Auf diese Details im Stadtbild wird in den einzelnen Kapiteln aufmerksam gemacht.

Auch dieser Band verzichtet weitestgehend auf bereits veröffentlichte Aufnahmen aus anderen Büchern und Festschriften.

Das Fotomaterial für dieses Buch stammt wieder ganz überwiegend aus dem Fundus des Autors, der es in 28 Jahren zusammengetragen hat. Zusätzlich stellte mir mein Sammlerkollege Wolfgang Tauz etwa zwanzig schöne Vorlagen aus seiner Sammlung zur Verfügung. Dafür möchte ich mich an dieser Stelle recht herzlich bei ihm bedanken.

Außerdem gilt mein Dank allen denjenigen, die mir dabei behilflich sind, meine Sammlung stetig um neue Bild- und Buchdokumente zu bereichern.

Ihnen, liebe Leser, wünsche ich viel Freude bei dem „Streifzug durch das alte Marl".

Volker Sawitzki
im Juni 2008

Marl-Hüls. Bergstraße

Diese Aufnahme zeigt den Anfang der Bergstraße um 1956. Damals wie heute ist sie die Hauptverkehrsader in Hüls und führt über Drewer bis zum Marler Stern.

1

Alt-Marl

Diese Litho-Grußkarte, geschrieben im Juli 1900, zeigt das alte Amtshaus, die Mühle an der Hochstraße und die Dorfstraße (heute Hochstraße), mit Blick auf die Kirche.

Am 11. Januar 1923 besetzten Franzosen und Belgier das Ruhrgebiet. Auch in Marl quartierten sie sich eine Zeit lang ein. Hier ließen sich belgische Soldaten am 21. Juli 1924 vor dem Saal am „Lindenhof" ablichten.

Die Aufnahme zeigt den „Lindenhof" um 1935. Seinerzeit war der Besitzer der Gaststätte Joh. Freyhoff. Die Säle mussten im Jahr 2006 weichen, um Platz für ein Seniorenzentrum zu schaffen.

Der Dorfeingang vom „Lindenhof" aus gesehen lag um 1908 im Schnee. Die gesamte linke Häuserzeile wurde vor langer Zeit abgerissen, man passte die Straßenführung den Bedürfnissen des wachsenden Verkehrs an. Die beiden Herren überqueren die Brücke am Weierbach.

Diese Menschen warteten um 1960 auf die Straßenbahn an der Haltestelle vor der Gaststätte „Prost". Gastwirt an der Breiten Straße 1 war Ewald Winter. Nebenan stand das Cafe „Tüshaus". Später wurden diese Häuser durch neue Gebäude ersetzt.

Gutbürgerliche Küche gab es im Gasthof „Altdeutsches Restaurant u. Café" an der Schillerstraße 6. Unter der Telefonnummer 107 erreichte man den damaligen Besitzer Hugo Frentrop. Später übernahm Hans Stüer die Gaststätte.

Auf diesem Bild eröffnet sich der Blick in die ehemalige Kirchstraße, die heutige Schillerstraße. Von dieser schönen Ansicht aus den Jahren um 1910 ist außer dem Kirchturm, rechts im Bild, kaum noch etwas erhalten geblieben.

Die fünf neuen Glocken, St. Marien, St. Joseph, Christus Rex, St. Heribert und St. Georg, wurden auf dem Kirchplatz von St. Georg ausgestellt. Nach dem Hochamt am 16. September 1928 wurden sie würdevoll gesegnet.

Diese Innenansicht der St.-Georgs-Kirche entstand während einer Trauerfeier im Dezember um 1970. Die Kirche war bereits mit zahlreichen Fichten für die Weihnachtszeit geschmückt.

Ein Hinweis zur Werkstatt für Hufbeschlag und Wagenbauerei mit Reparaturannahme. Der Zaun vor der Kirche wurde Jahre später durch eine Mauer ersetzt. Diese idyllische Ansicht entstand um 1913.

Mitten im Herzen von Alt-Marl, an der Ecke Hochstraße und Loestraße, lud damals wie heute eine Gaststätte in einem schmucken, altväterlichen Fachwerkhaus zu einem kühlen Trunke ein. Jeden Samstag und Sonntag waren die Marler zum Tanz geladen. Der Inhaber des Gasthauses „Bügeleisen" war um 1950 Josef Heeck.

Marl, Westf. Hochstraße.

Straßenbahnschienen, Kopfsteinpflaster und diese kleinen Strommasten, wie sie an der Hochstraße noch um 1908 zu sehen waren, verschwanden später aus dem Stadtbild. Auch die Bäume mussten an diesem Straßenstück weichen.

15

Aufmarsch des Deutschen Jungvolks, der NS-Jugendorganisation für alle Jungen von 10 bis 14 Jahren, auf der Hochstraße in Richtung altes Amtshaus. Das Foto entstand Anfang der 1940er-Jahre.

Das alte Amts- und Rathaus an der Vikariestraße im Jahre 1952. Der gesamte Kreuzungsbereich war damals noch mit Kopfsteinpflaster und Straßenbahnschienen versehen.

Rund um Hubert Brinkforth (1916–1942) gruppieren sich „wichtige" Persönlichkeiten der Stadt Marl zu einem Foto. Der Pakschütze Brinkforth wurde nach der Verleihung des Ritterkreuzes im Jahre 1941 in Marl groß gefeiert. Er ist der Sechste von links in der ersten Reihe der stehenden Herren.

Vom Mühlenrad des Heimatmuseums war der Blick zur St.-Georgs-Kirche um 1956 noch ungestört. Heute ist die Sicht durch Bäume und Häuser versperrt.

17

Die NS-Arbeitsdienstabteilung 11/201 war im Arbeitsdienstlager in der Ophoffstraße unterge-
bracht. Die Aufnahme des Gebäudes wurde in den 1930er-Jahren von der Straße her gemacht.

Diese Mannschaft stellte sich in den 1930er-Jahren für ein Gruppenfoto auf dem Fußballplatz der
Spielvereinigung Marl zusammen. Im Hintergrund sind die Häuser Ophoffstraße 43-49 an der
Ecke Dammstraße zu sehen.

18

Das Postamt 1 zog im Herbst 1966 in ein neu errichtetes Gebäude auf der gegenüberliegenden Straßenseite der Barkhausstraße. Dort stand mehr Fläche zur Verfügung. Das hier um 1932 abgebildete alte Postamt wurde anschließend ausschließlich vom Fernmeldeamt genutzt.

Rechts erkennt man die Esso-Großtankstelle von Heinz Haumann an der Dorstener Straße 199, Ruf 307. Im Tag- und Nachtbetrieb konnte man hier nicht nur Benzin und Dieselkraftstoffe erwerben, sondern auch technische Öle und Fette oder den Abschmierdienst in Anspruch nehmen. Links im Bild verlaufen noch die Straßenbahnschienen.

Der Alte Hervester Weg, der heutige Wittenbergweg, im Kreuzungsbereich mit der Dorstener Straße. Eine Tankstelle gibt es dort seit den 1980er-Jahren nicht mehr. Das Foto stammt aus den 1950er-Jahren.

Das Speiserestaurant „Zum Schwatten Jans". Franz Vortmann hieß der Besitzer in den 1960er-Jahren an der Dorstener Straße 307. Auch heute noch hat dieses Restaurant sehr viele Gäste zu versorgen.

2

Brassert

Die Theater- und Schuhplattler-Gruppe des Gebirgs-, Trachten-, Erhaltungs-Vereins „Edelweiß"
in den 1920er-Jahren. Ein weiterer Gebirgsverein mit dem Namen „Almenrausch" war in Hüls
ansässig.

Marl (Westf.). Schillerschule

Zu Beginn des Schuljahres 1957 zog die Martin-Luther-Schule 2 in den Volksschulneubau an der Matthias-Claudius-Straße 46A ein. Am 9. Juli 1957 änderte die Schule ihren Namen in Schillerschule. Am 1. August 2005 wurde sie aufgelöst. Die Aufnahme entstand um 1962.

Bis zum 19. Oktober 1945 hieß die Schachtstraße noch Leo-Kottowitz-Straße. 35 Jahre später, um 1970, als dieses Foto entstand, sah die Straße an der Abzweigung Bogenstraße fast noch wie früher aus.

Gruß aus Marl i. Westf.

Zeche Brassard Marl

Das Gemeindegasthaus „Marl 2" an der Brassertstraße 102, um 1918. Das Haus wurde Anfang der 1970er-Jahre abgerissen. Der Bauplatz wurde für einen Sparkassenneubau genutzt, der noch heute existiert. Auf dieser Ansichtskarte hat sich der Fehlerteufel eingeschlichen, der Verlag hat sie fälschlicher Weise mit Zeche Brassard beschriftet.

Den Namen der Zeche wählte man zu Ehren des Berghauptmanns Brassert, der als Schöpfer des allgemeinen Berggesetzes maßgeblich an der Entwicklung des modernen Bergbaus beteiligt war. Die Aufnahme wurde um 1955 gemacht.

Im festlich geschmückten Saal der Wirtschaft „Frentrop", später „Bromen", fanden die alljährlichen feierlichen Ehrungen der Jubilare der Zeche Brassert statt, so wie hier am 4. Dezember 1937.

Am Sonntag, dem 21. Januar 1939, wurden 25 Jubilare der Rheinischen Stahlwerke geehrt, die dem Werk 25 Jahre in Treue gedient hatten. Amtbürgermeister Dr. Willeke überbrachte aus diesem Anlass Glückwünsche.

Von der Schachtstraße kommend, bog der Wagen mit der frisch gekürten Schützenkönigin des Jahres 1965 in die Brassertstraße ein. Der Fotograf nahm das Foto aus Richtung Zechentor auf.

Die Luftaufnahme aus der Zeit um 1967 zeigt links unten den Anfang der Plaggenbraukstraße. In der Bildmitte ist die Piuskirche und oben rechts sind Häuser der Ringstraße zu erkennen.

So wurde in den 1930er-Jahren für die Fahrschule geworben. Die Schule von Kurt Timpe war an der Schillerstraße 107 ansässig.

Ein stolzer Vater hält seine Tochter auf dem Arm, aufgenommen in der Zechensiedlung mit Blick auf die Zeche im Jahre 1970.

Partie aus der Colonie Brassert bei Marl i. W.

Die Rudolf-Virchow-Straße führt hier um 1923 am Magaretenplatz vorbei. Der Fotograf stand an der Ecke Krablerstraße. In dem Eckhaus schlug im Zweiten Weltkrieg eine Fliegerbombe ein.

Die Brasserstraße um 1915, aufgenommen vom Kreuzungsbereich Schillerstraße und Bonifatiusstraße mit Blick in Richtung Zeche.

Die erste Marler Ampelanlage wurde im August 1953 im Kreuzungsbereich Brasserstraße, Ecke
Schillerstraße und Bonifatiusstraße installiert. Der Blick geht hier in den 1950er-Jahren in Richtung Marktplatz.

Die Straßenbahnschienen führten auf der Brassertstraße bis zur Zeche. Links erkennt man das Geschäft von P. Wystup. Das Foto entstand um 1932.

Diese Leute ließen sich um 1926 vor und im Haus Brassertstraße 41 aufnehmen. Heute ist das Gebäude aufgestockt und äußerlich stark verändert.

Die evangelische Kirche an der Brassertstraße um 1955. Heute steht nur noch der Turm. Das Kirchschiff wurde am 10. Juni 1975 abgerissen.

Die Grundsteinlegung für die katholische St.-Bonifatius-Kirche war am 21. Oktober 1929. Die kleine Notkirche dahinter diente der Gemeinde von 1919 bis 1931 als Gotteshaus. Im Hintergrund sieht man das Pfarrhaus und die Schule.

1917 eröffnete eine Schwester an der Bonifatiusstraße 24 eine Kinderbewahranstalt. 1958 wurde für 135.000 Mark ein kircheneigener Kindergarten an der Schüttfeldstraße erbaut, in dem 120 Kinder betreut werden konnten. Diese Aufnahme mit Schwester Adeleide stammt aus den 1950er-Jahren.

Die Stern-Großtankstelle an der Kampstraße 7/Ecke Sickingmühlerstraße gab dieses Wurfblatt an alle Kraftfahrzeugbesitzer aus. Die Preise lassen heutige Autofahrer erblassen, Qualitätsbenzin gab es schon für 0,58 DM. Außerdem konnten hier Garagen angemietet werden.

Ein paar Innenansichten der Gaststätte von Helmut Meyer an der Prosperstraße 24 aus den 1960er-Jahren. Eine Gaststätte gibt es hier schon lange nicht mehr.

Der Fotograf nahm dieses Foto um 1970 auf der Bahntrasse auf und fotografierte entlang der Sickingmühlerstraße in Richtung Blumensiedlung. Links sieht man das 1960 in Betrieb genommene Kraftwerk, das heute nicht mehr existiert.

3

Lippe

Lehrer V. Grobecker stellte sich am 1. Dezember 1938 mit seiner Klasse vor dem Schulgebäude an der Piusstraße auf. In dem kleinen flachen Anbau rechts des Schulgebäudes befand sich das Plumpsklo.

Diese Schülerinnen und Schüler des Schuljahrgangs 1948/1949 besuchten die Paulusschule an der Piusstraße. Heute gehört das Gelände zum Chemiepark.

Die an der Nordstraße gelegene Gaststätte „Brinkmann" aus der Vogelperspektive, aufgenommen um 1955.

34

Saal

Eine Gartenanlage mit bis zu 600 Sitzplätzen und dieser große Saal kennzeichneten das Ausflugs-lokal von Bernhard Brinkmann an der Nordstraße 8. Außerdem standen eine Bundeskegelbahn sowie Gesellschafts- und Fremdenzimmer zur Verfügung. Die Aufnahmen entstanden um 1960.

Nach der Einweihung des Piussteines und der Fahnenweihe formierte sich die 1953 gegründete Schützengilde Marl-Lippe zum Festzug. Der festliche Start war an der Gaststätte „Brinkmann".

Zur Fahnenweihe trafen sich die Lipper Schützen in der großen Gartenanlage des Gasthauses „Brinkmann". Die Weihe führte im Juli 1953 Landrat Anton Hoppe durch.

Am Tag der Fahnenweihe im Juli 1953 gingen die Schützen aus Lippe nach Alt-Marl zur Kranz-niederlegung. Die Festrede hielt Heinrich Große-Lochtmann. Die Zuhörer standen auf der Kirchstraße, der heutigen Schillerstraße, neben der St.-Georgs-Kirche.

Dieser Schnappschuss entstand bei der Einweihung des Ehrenmals, des Piussteins, 1953. Links stehen Bürgermeister R. Heiland und Landrat A. Hoppe. Heute befindet sich der Stein an der Lippestraße 225.

Der Hof Fallböhmer in Lippe in den 1960er-Jahren.

Waldstraße 41 lautet die Adresse, bei der sich die Hochzeitsgesellschaft Schulte-Hubbert nicht nur für dieses Foto am 5. Juni 1935 zusammengefunden hat.

Am 6. Mai 1931 wurde diese Kutsche für eine Hochzeit ausgefahren. Das Foto wurde in Lippe aufgenommen.

Dieses Marienbildnis an der Lippestraße/Ecke Forststraße wurde Anfang der 1950er-Jahre aufgestellt. Heute ist es von Sträuchern stark umwachsen, aber immer noch gut sichtbar. Die Aufnahme entstand um 1954.

Dieser Weg führt zum Hafen des Wesel-Datteln-Kanals in Lippe. Das freie Gelände wird heute industriell genutzt. Die Aufnahme entstand Ende der 1960er-Jahre.

Die große Hochzeitsgesellschaft Lewing stellte sich nach der Trauung im Juli 1938 für ein Erinnerungsfoto auf.

4

Mitte

Die Aluminium-Skulptur „Faber" von Franz-Rudolf Knubel aus dem Jahre 1968 – 350 x 50 x 50 cm groß – wurde um 1970 noch vor dem Rathaus aufgenommen. Heute steht die Skulptur vor der Rundsporthalle.

Seit 1969 steht die Skulptur „Naturmaschine" vor dem Rathaus. Im Herbst 1972 entstand diese Gruppenaufnahme.

Die ersten Architektenzeichnungen der mit Luftkissen überdachten Ladenstraße entstanden bereits 1970. Aber erst vier Jahre später wurde die 5.433 Quadratmeter große „Marler-City" tatsächlich mit dem Luftkissen überdacht. Diese Innenansicht mit den langen Rolltreppen entstand um 1976.

1974 wurde das Einkaufszentrum eröffnet. Geschäfte der ersten Stunde sind heute allerdings kaum noch zu finden. Durch umfassende Modernisierungen hat sich das Aussehen des Centers stark verändert. Das Foto entstand um 1976.

Die Grundsteinlegung des Rathauses fand am 10. November 1960 statt. Diese Aufnahme hält das Betonieren der Stützen im Februar 1963 fest.

„Die Wirtin vom Wörthersee" mit Julia und Isa Günther wurde um 1955 auf großen Plakaten am Theater angepriesen. Pro Vorstellung konnten rund 1.000 Zuschauer auf den Sitzen Platz nehmen.

Auch an der alten Busplatte hat sich seit der Aufnahme, die um 1977 entstand, sehr viel verändert. So ist zum Beispiel der Flachbau rechts verschwunden. Eine neue Pflasterfläche ist entstanden, die eine vielfältige Nutzung zulässt.

5

Drewer

Hüls, Krs. Recklinghausen
Vereinslazarett Drewer

Auguste Victoria-Kinderheim
Post Hüls, Kreis Recklinghausen.

1911 baute der Landkreis Recklinghausen dieses Kinderheim, das an der nach ihm benannten Kinderheimstraße steht. Ab 1920 stand das Haus leer. Da die Gemeinde Marl das Gebäude nicht mehr nutzen wollte, übernahm es schließlich die katholische Kirche für 450.000 Mark. Es wurde bis 1952 als Kirche, Rektorat, Schwesternhaus und Kindergarten genutzt. Die Aufnahme entstand um 1912.

Der Schulbetrieb an der Aloysiusschule wurde am 15. September 1908 aufgenommen. Die Klasse ließ sich um 1933 vor dem Gebäude ablichten. Heute befindet sich an diesem Standort die Hauptschule an der Wiesenstraße. Die heutige Aloysiusschule findet man an der Paul-Schneider-Straße.

Meist wurde der Altarraum der Rektoratskirche St. Josef von den Schwestern liebevoll geschmückt, so wie diese Aufnahme zeigt, die um 1934 entstand. Viel bewundert war Jahr für Jahr die Weihnachtskrippe von Schwester Mirella.

Eine Aufnahme von der Mission 1932 zeigt Josef Debbing, der von Ende 1922 bis Mitte 1933 in St. Josef tätig war. Neben ihm stehen Pater Kettler und Pater Kampmann, davor sitzt Kampmanns Mutter.

Der damalige Haupteingang zu den Chemischen Werken Hüls, dem heutigen Chemiepark, um 1957. Vorne links ist die alte Kantinenbaracke zu sehen.

In einem Laboratorium der Chemischen Werke Hüls ließ sich dieses Arbeitsteam, bestehend aus zwei Frauen und neun Männern, 1951 ablichten.

Eingang zur Kantine der Chem. Werke Hüls

Der Eingang zum neuen Kantinengebäude ist hier um 1958 festgehalten.

Das Feierabendhaus am Lipper Weg mit einem kleinen Teil der prächtigen Parkanlage, um 1958.

Das Appartement-Hochhaus des Chemischen Werkes am Lipper Weg 193, um 1961. Hier konnten sowohl Mitarbeiter als auch Gäste des Unternehmens wohnen.

Anfang März 1944 wurde dieser Feuerwehr-
mann vor dem Bunker aufgenommen.

Am Lipper Weg 65 gab es die „Pfälzer Weinstuben". Dort wurden nicht nur gepflegte Weine
gereicht, sondern auch Hausmacher Wurstwaren aus eigener Pfälzer Hausschlachtung. Hier sieht
man vier Innenansichten aus der Zeit um 1969.

Etwas zu feiern gab es in der Parterre-
wohnung des Hauses Lipper Weg 56. Bei
Musik und Wein ließ man es sich in den
1930er-Jahren gut gehen.

Diese Leute ließen sich um 1935 vor und im
Haus Lipper Weg 54/56 fotografieren. Die
Vorderfront des Hauses hat sich bis heute nur
leicht verändert.

Eine Innenansicht des Hotels „Victoria" am Lipper Weg 20/Ecke Bergstraße, um 1960. Das Hotel eröffnete am 20. Dezember 1950. Heute lassen sich die Gäste in diesen Räumlichkeiten chinesische Gerichte servieren.

Marl-Hüls, Ledigen und Schwesternheim

Die Sicht auf das Ledigen- und Schwesternheim war 1958 von der Ecke Lipper Weg und Bergstraße aus gesehen noch frei. Heute ist die Sicht durch viele Bäume und Sträucher versperrt.

Um 1956 war Heinz Lülf Inhaber des Hotel-Restaurants „Westfälischer Bauer" an der Bergstraße 41. Das Angebot reichte von gutbürgerlicher Küche aus eigener Schlachtung bis hin zu Fremdenzimmern mit fließend kalt und warm Wasser. Das Restaurant existiert nach Umbau und Erweiterung noch heute.

Eine Innenansicht des „Golberghofs" an der Drewerstraße 42a, um 1961. Die damalige Besitzerin war Frau B. Löker. Die Gaststätte bot moderne Tagungsräume, eine Gartenanlage und eine Spielwiese. Heute lautet die Adresse Holsteinerstraße 35.

Marl (Westf.) Auferstehungskirche

Die Auferstehungskirche an der Ecke West-
falenstraße und Breddenkampstraße. Pfarrer
Disselbeck machte am 19. Juli 1959 den ersten
Spatenstich. Pfarrer Leich verlas die Grund-
steinurkunde zum Richtfest am 25. September
1960. Am regnerischen Ostersonntag, dem 2.
April 1961, fand der Kirchweihgottesdienst
statt. Das Foto entstand um 1968.

Zur Zeit der Aufnahme um 1960 war der „Jägerhof" bereits 100 Jahre alt. Der damalige Inhaber
hieß H. Arndt. Die Gaststätte steht an der Recklinghäuser Straße. Heute werden hier Pfannku-
chen serviert.

6

Hüls

Gruß aus Löntrop-Hüls stand auf den ersten Ansichtskarten mit Abbildungen der Zeche Auguste Victoria Schacht eins und zwei. Anfang des 20. Jahrhunderts wurde hier mit der Förderung des schwarzen Goldes begonnen. Diese Karte erreichte 1908 ihren Empfänger.

Im Verwaltungsgebäude trafen sich am 21. Juli 1928 die Jubilare der Zeche Auguste Victoria für den Fotografen. In der Mitte Paul Stein, der am 1. Juli 1903 zum kaufmännischen und technischen Leiter bestellt wurde.

Das ehemalige Verwaltungsgebäude der Zeche Auguste Victoria an der Victoriastraße, um 1928. Mit stark veränderter Fassade ist das Haus heute noch zu finden.

Entlang der Victoriastraße geht der Blick um 1938 am Haupteingang und dem Verwaltungsgebäude der Zeche vorbei in Richtung Hülsstraße. Links sieht man die Gaststätte „Jägersruh".

An der Victoriastraße 60 befand sich um 1957
die Gaststätte „Zum Berggeist". Der Inhaber war
Willy Wessels. Die Gaststätten-Tradition hält
das Hotel-Restaurant Rabenhorst hier bis heute
lebendig.

Wer heute vom Haupteingang, Schacht eins und zwei, in Richtung Sinsen sieht, stellt fest, dass sich die Ansicht völlig verändert hat. Autohaus, Supermarkt und Dönerbude bestimmen nun das Bild. Diese Aufnahme ist von 1956.

Ein Gutschein über 100 Milliarden Mark der Gewerkschaft Auguste Victoria. Er wurde im November 1923 ausgegeben. Die Rückgabe musste, laut Aufdruck, bis zum 1. Februar 1924 erfolgen.

Die Victoriastraße an der Ecke Ziegeleistra-
ße, in Richtung Sparkassenhochhaus. Das
Foto wurde um 1969 aufgenommen.

Ein großer Bautrupp ließ sich in Hüls im Jahre 1911 fotografieren. Der Besuch des Fotografen
war eine willkommene Abwechslung von der körperlichen Schwerstarbeit, vor allem für die drei
Steinträger im Vordergrund.

Dieses Amtshaus, das als Verwaltungsstelle genutzt wurde, befand sich an der Otto-Hue-Straße. Die Aufnahme entstand in den 1940er-Jahren.

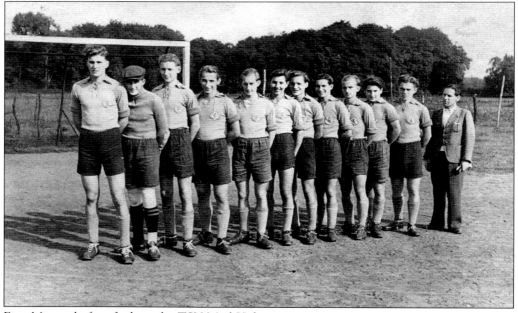

Eine Mannschaftsaufnahme des TSV Marl-Hüls.

Die erste Vertragself im Spieljahr 1965/1966. Die Namen der Spieler von links: Peters, Gudasch, Suhr, Görtz, H. Pawellek, R. Pawellek, Ratajczak, Gerick, Schöngen, Linka und Kinker.

Pozdrowienie z Hüls p. Sinsen w. W.
Kościół Katolicki

Am 8. Dezember 1909 wurde die alte Herz-Jesu-Kirche geweiht. 50 Jahre später, am 24. August 1959, konnte die Weihe der neuen Kirche begangen werden. Im darauffolgenden Jahr wurde die hier um 1911 abgebildete alte Kirche abgerissen.

Das Haus Hülsstraße 50 wurde vom Bauunternehmer Pahlberg zwischen 1905 und 1908 gebaut und später an Privatpersonen verkauft. Dieses Foto von der Straßenseite entstand im Jahre 1911.

Ende der 1960er-Jahre sahen die Stände auf dem Markplatz ähnlich aus wie heute, doch ein Müllfahrzeug dieser Art ist heute nicht mehr im Einsatz.

Um 1911 zog man über die Victoriastraße noch mit einer Handkarre an den frisch gepflanzten Bäumen vorbei in Richtung Zeche. Während die rechte Häuserzeile noch heute existiert, wurde die linke Zeile durch andere Bauten ersetzt.

Heute von der gleichen Stelle aus betrachtet, hat sich die Victoriastraße gegenüber etwa 1938 sehr verändert. Das dürfte vor allem an den großen Bäumen, dem Auto und den Straßenbahnschienen liegen.

H. Treffurth war Inhaber dieses Café-Restaurants mit Konditorei, zu dem auch eine Grob- und Feinbäckerei gehörte. Es befand sich an der Hülsstraße. Neben einer Ansicht der Fassade gewährt die Karte auch Einblick in den Verkaufsraum und die Gaststube. Sie entstand um 1915.

Die heutige Fußgängerzone von Hüls war um 1930 noch nicht zu erkennen. Der Fotograf stand an der Ecke Lipper Weg. Links erkennt man das Schuhhaus Metropol und rechts das Ladenlokal von Paul Grosse Hüls.

Um 1954 wurde diese Aufnahme der späteren Fußgängerzone von nahezu der gleichen Stelle fotografiert. Das Verkehrsaufkommen ist sichtlich gestiegen. Auch ein Zebrastreifen war schon angelegt.

Eine Ansicht der Hülsstraße, der heutigen Fußgängerzone, aus der anderen Richtung entstand um 1952. Ein Textilwarenhaus war schon damals beliebtes Ziel kauflustiger Marlerinnen und Marler. Waren des täglichen Bedarfs erstand man bei Tengelmann, Kaiser's Kaffee oder in der Drogerie Degeling.

Das Kaufhaus Rose an der heutigen Bergstraße 1, um 1910. In der ersten Etage betrieb Johann Schröder seine Maßschneiderei.

Das Haus der Familie Schröder an der Bergstraße 1, um 1956. Gleich nebenan gab es Schokolade bei Stellbrink, Seifen und Zubehör bei Pieneck und den Hülser Strumpf- und Wäscheladen.

Von der Hülsstraße geht der Blick um 1917 in die Bachstraße, die heutige Bergstraße. Im Kaufhaus von F. Reintke, links im Bild, gab es die unterschiedlichsten Dinge zu kaufen.

Am Sonntag, dem 13. Juni 1926, ließ sich der Vorstand des Turnerbunds Hüls mit der Vereinsfahne ablichten.

Diese Aufnahme aus der Zeit um 1916 zeigt eine typische Verkehrssituation. Sie entstand an der Römerstraße mit Blick in Richtung Hülsstraße.

Der „Brezel-Käfer" fuhr um 1955 an der Ecke Bergstraße und Bachstraße der aus Sinsen kommenden Straßenbahn entgegen.

Das Restaurant „Bürgerhof" hatte einen kleinen Saal, Gesellschaftszimmer, eine Kegelbahn und vor allem eine eigene Bäckerei mit Konditorei. Der Besitzer war Heinrich Fischer. Auch heute noch existiert in diesem Haus an der Bergstraße eine Filiale der Bäckerei Fischer.

Das Jugenderholungsheim, das kurze Zeit später DRK-Kleinkinder-Kurheim hieß, an der Bachstraße 34, um 1955.

Die evangelische Pauluskirche an der Römerstraße wurde am 10. Mai 1914 eingeweiht. 1917 mussten zwei der drei Glocken für Kriegszwecke abgegeben werden. Am 18. April 1945 wurde der Turm durch einen Sturm abgedeckt. Hier sieht man das Gotteshaus um 1925.

Heinrich Schröer war um 1940 Inhaber des Gasthauses „Zur Römerstraße". In seiner damaligen Werbung pries Schröer vor allem die bei ihm ausgeschenkten „gepflegten Getränke durch elektrische Kühlung" an. 1911 hatte die Wirtschaft als „Gemeindegasthaus" eröffnet.

Ein Blick über die Zechenbahnschienen an der Römerstraße mit der Abzweigung in die Carl-Duisberg-Straße, aufgenommen um 1941.

Der Kindergarten und das Kirchenschiff mit Turm der Gemeinde St. Konrad, um 1958. Gebaut wurde die Kirche bis 1957. Die feierliche Einweihung fand am 13. Juli des gleichen Jahres im Beisein von Bischof Baaken statt. Nach zweitägiger Feier wurde das Gotteshaus seiner Bestimmung übergeben.

Die Gaststätte „Loemühle" um 1938 von der Terrassenseite her aufgenommen. Der Bach war voller Fische, die Schaulustige anlockten.

Eine Innenansicht der historischen Gaststätte „Loemühle", um 1957. Das für diese Zeit typische Mobiliar verbreitet besonderen Charme und lud zum Verweilen ein. Neben Tagungsräumen gab es hier auch Hotelbetrieb.

Der Gondel- und Forellenteich an der „Loemühle" wurde an sonnigen Ausflugstagen gerne für eine kleine Seeumrundung mit dem Ruderboot genutzt. Diese idyllische Ansicht entstand um 1938.

Seit der Eröffnung des Flugplatzes Loemühle im Oktober 1957 gibt es an schönen Tagen immer sehr viele Besucher, die den Starts und Landungen zuschauen oder auch selbst mitfliegen. Das Foto wurde um 1959 gemacht.

Ab 1934 wurde das kühle Nass des Sport- und Freizeitbades an der Loemühle von vielen Gästen aus Marl und den benachbarten Städten genutzt. Das Foto entstand um 1941.

Nicht nur Kinder erfreuten sich an der Rutsche des mit Bäumen und Sträuchern umzäunten Parkbades Loemühle, wie hier um 1955.

7

Lenkerbeck und Sinsen

Die katholische Pfarr-Rektoratskirche „Maria Verkündigung" wurde 1748 gebaut. In den 1960er-Jahren wurde sie abgerissen, da die neue Marienkirche bereits eingeweiht war und zwei Kirchen nicht gebraucht wurden. Die Aufnahme entstand um 1919.

Dies ist eine Innenansicht der alten Marienkirche, aufgenommen um 1919.

Diese Luftaufnahme zeigt die neue Marienkirche und einen Teil des Friedhofes. Am 29. April 1962 konnte der Grundstein der neuen Kirche an der Hülsbergstraße gelegt werden. Die feierliche Einweihung fand am 15. September des darauffolgenden Jahres statt.

Bereits Mitte der 1970er-Jahre war an der Ecke Victoriastraße und Ovelheider Weg der Ford-Haupthändler im Vest mit seinem „Autohaus Herzig" ansässig. Das Feld links im Bild wurde inzwischen mit Wohnhäusern bebaut.

Eine Aufnahme des Verschiebebahnhofes, den Sinsen um 1902 erhielt. Um 1928 bedeckte Schnee die Gleise.

An der Bahnhofstraße 166 gab es um 1970 die Gaststätte „Haus Bartker". Es war ein Gasthaus für jedermann mit Gesellschaftsräumen, einem Bauernstübchen, einem Saal, neun Schießständen, zwei Bundeskegelbahnen, Fremdenzimmern und täglich Tanz in der „Kajüte".

Ebenfalls um 1970 wurden diese Innenansichten der Gaststätte „Haus Bartker" an der Bahnhofstraße/Ecke Wallstraße aufgenommen.

An der Bahnhofstraße 131 befand sich die Shell-Station von Alfred Appel jr. Die Werbung versprach: „Freundlich und flink werden Sie bedient, wenn Sie mit Ihrem Fahrzeug zu uns kommen. Ob Sie nun tanken, den fälligen Ölwechsel vornehmen lassen, oder ob sie es in gründliche Pflege geben – wir behandeln es so, als ob es unser eigenes wäre. Vor allen Dingen fachgerecht! Dafür garantieren wir Ihnen ganz persönlich."

Die Siedlung Hülsmannsfeld, um 1970 aus der Vogelperspektive aufgenommen. Im Hintergrund ist die am 10. Mai 1968 neu bezogen Johannesschule an der Flaslenne zu erkennen.

Ein Blick auf das Waldrestaurant „Halter Pforte" an der Halterner Straße mit seiner großen Gartenterrasse. Der damalige Inhaber – um 1937 – hieß Heinrich Strassen. Heute beheimatet dieses Gebäude ein Chinarestaurant.

Die Straße durch die Haard wurde von 1838 bis 1841 angelegt. Der Fahrradweg entstand erst 1933. Diese Aufnahme in Richtung Haltern wurde um 1937 gemacht.

Die Restauration und Gastwirtschaft von Heinrich Ridder an der Halterner Straße, Anfang der 1930er-Jahre. Hinter der Tür bei der Gartenterrasse befand sich ein großer Saal.

Das Hotel-Restaurant „Ridder" an der Halterner Straße 75, hier um 1968 mit verschiedenen Innenansichten abgebildet. Ein geräumiger Saal bot Platz für 150 Personen. Das Haus verfügte über eine Gartenterrasse und genügend Parkplätze für die Gäste.

Eine Partie aus der Haard in Sinsen, um 1928. Damals wie heute sind viele Spaziergänger, Radfahrer und Reiter auf diesen Wegen unterwegs.

Die damalige Wirtschaft „Zum grünen Wald" von A. Korte ist heute das „Haus Pepping" an der Halterner Straße 16. Diese Litho-Ansichtskarte wurde im Sommer 1904 verschickt.

8

Der Norden von Marl

Die vier Luftaufnahmen aus dem Jahre 1960 zeigen den Lebensmittelladen von Wilhelm Haver-mann neben der Christ-König-Kirche, die alte Sickingmühle, den AV-Hafen und einen Blick in die Gartenstraße.

Um 1920 entstand die Aufnahme des Gasthofes von J. Baumeister. Bis heute ist die Gaststätte im Besitz der Familie.

Das Hotel „Haus Baumeister" präsentierte sich um 1967 mit veränderter Fassade. Links ist eine der beiden vollautomatischen Bundeskegelbahnen und rechts der Schankraum zu sehen.

Entlang der Hammer Straße führt der Blick um 1960 zur Christ-König-Kirche. Im Dezember 1926 wurde die Kirche eingeweiht.

Der Fotograf stand um 1960 auf der Kanalbrücke am alten Wasserwerk, mit Blick auf den AV-Hafen im Wesel-Datteln-Kanal.

Buntes Treiben im nördlichsten Stadtteil: Zur Fastnacht 1938 verkleideten sich Jung und Alt, um ausgiebig zu feiern.

Die Luftaufnahme erfasst das Gebiet vom Silvertbach, entlang des Bachacker Weges bis zu den hinteren Häusern der Waldsiedlung. Sie entstand um 1956.

Die St.-Barbara-Kirche am Bachacker Weg wurde am 19. April des Jahres 1959 eingeweiht. Das Foto entstand um 1963.

Neben der Hermann-Claudius-Schule am Merkelheider Weg sind hier drei Aufnahmen der Gaststätte „Schwalbennest" von Alfons Mersch an der Schwalbenstraße 34/Ecke Finkenstraße zu sehen. Die Karte entstand um 1968.

Waldsiedlung Hamm über Marl (Westf.). Lutherkirche

Im Dezember 1962 wurde die Martin-Luther-Kirche in der Waldsiedlung eingeweiht. Diese Ansicht wurde ein Jahr später festgehalten.

Gerda Sandkühler war die dritte Siegerin der Hammer Gemeindemeisterschaft im Dameneinzelkegeln des Jahres 1973. Günther Eckerland war einer der Gratulanten bei der Preisübergabe.

9

Polsum

Eine Litho-Ansichtskarte von 1900 zeigt den Gasthof „Heitfeld" an der Kirchstraße, die Bartholomäuskirche und den Dorfeingang aus Buer kommend.

Der schneebedeckte Dorfkern mit Blick auf den Kirchturm vom heutigen Ehrenmahl aus gesehen, aufgenommen etwa im Winter 1908.

Die Franziskusglocke von 1579 (Mitte) entging im Ersten Weltkrieg nur knapp der Einschmelzung. 1923 ergänzten neue Glocken aus Gescher das Geläut. 1942 mussten alle zusammen den Weg zum „Glockenfriedhof" nach Lünen antreten. Die Franziskusglocke entkam zum zweiten Mal der Einschmelzung. Kurz nach Kriegsende kehrte die Glocke nach Polsum zurück.

Die Gaststätte „Gertrudenhof" an der Scholvenerstraße 18. Der damalige Besitzer hieß H. Schäpers. Vor wenigen Jahren wurde das Gebäude abgerissen und ein Mehrfamilienhaus an dieser Stelle errichtet. Um 1911 machte die Gaststätte noch einen gemütlichen und einladenden Eindruck.

Die alte Dorfschule wurde im Jahre 1901 gebaut. Im Februar 1966 musste sie weichen, um Platz für die neue Bartholomäuskirche zu schaffen. Am 24. August 1968 fand die Einweihung der Kirche statt. Das Foto stammt aus den Jahren um 1941.

Auf dieser Luftaufnahme von Ende der 1960er-Jahre ist der gesamte Dorfkern mit der alten und der neuen Kirche zu sehen. Eine Ansicht, die so nicht lange Bestand hatte.

Der Dorfeingang aus Marl kommend, um 1956. Die Aufnahme wurde vom alten Bunker her gemacht. Heute befindet sich an dieser Stelle ein modernes Seniorenheim.

Der Baubeginn für den katholischen Kindergarten am Brüggenpoth war im Juli 1957. Am 18. Mai 1958 fand die Einweihung statt. Im Jahre 1960 wurde nebenan noch ein Schwesternhaus gebaut.

Ein vertrautes Bild aus den Jahren um 1976. Neben der Drogerie Krawinkel gab es einen Fleischer und einen Friseur. Im Nachbargebäude befand sich schon damals eine Bank.

Am 28. Juni 1928 war die feierliche Einweihung der Bartholomäusschule an der Westerholter Straße/Ecke Im Breil. Der neuere Teil der Schule wurde am 13. Dezember 1968 übergeben. Diese Aufnahme entstand 1941 vom Kreuzungsbereich aus.

Die Lehrerin Frau Kimmel stellte sich mit ihren Schülern der dritten Klasse des Schuljahres 1973/1974 für ein Klassenfoto auf dem Schulhof auf.

Im September 1973 nahm der evangelische Kindergarten, der neben dem
Gemeindezentrum am Hellweg errichtet wurde, seinen Betrieb auf. Das Bild
stammt aus der Anfangszeit.

Hervesterstraße 209 lautete die damalige Adresse des Ausfluglokales von Lebrecht Seyfarth.
Nach der Eingemeindung Polsums im Jahre 1975 wurde die Straße in Buererstraße umbenannt.
Das Haus beheimatet heute ein Chinarestaurant. Die Aufnahmen entstanden um 1958.

Sutton Verlag

BÜCHER AUS DEM NÖRDLICHEN RUHRGEBIET

Marl

Helmut Madynski

ISBN: 978-3-89702-063-4

14,90 € [D]

Bergbau in Marl

Helmut Madynski

ISBN: 978-3-89702-856-2

17,90 € [D]

Straßenbahnen im östlichen Ruhrgebiet

Michael Schenk

ISBN: 978-3-89702-786-2

17,90 € [D]

Bei uns im Revier.
Bildreportagen aus drei Jahrzehnten

Gustav Hildebrand

ISBN: 978-3-86680-217-9

17,90 € [D]

SUTTON
VERLAG